Jesus
SALVADOR DO MUNDO

3 OS REIS MAGOS

PAULUS

Maria e José foram a Belém para se registrar no censo ordenado pelo Imperador Romano. Enquanto estavam lá, chegou o momento de Maria dar à luz Jesus. Eles não encontraram lugar na hospedaria. Conseguiram apenas uma pequena gruta que era usada para proteger o rebanho durante as noites frias de Belém. Permaneceram na gruta por alguns dias, para que Maria se recuperasse do parto para ter condições de viajar de volta para Nazaré.

Durante os dias em que ficaram na gruta, coisas maravilhosas aconteceram: naquela gruta, em um presépio, Jesus veio a este mundo para ser nosso amigo e irmão, mas não estavam com ele somente seus pais, Maria e José, pois vieram muitas pessoas de muitos lugares. Pessoas tão importantes que mesmo depois de dois mil anos continuam sendo lembradas.

Quer saber quem são essas pessoas?

Seja um leitor preferencial **PAULUS**.
Cadastre-se e receba informações sobre nossos lançamentos e nossas promoções:
paulus.com.br/cadastro
Televendas: **(11) 3789-4000 / 0800 16 40 11**

Título original:
XRISTOS SALVADOR DEL MUNDO
SAN PABLO – MÉXICO
© EDICIONES PAULINAS, S. A. DE C. V.

Direção: *Salvador R., ssp*
Adaptação e roteiro: *Tarcisio Carmona H., ssp*
Ilustração: *Alberto Daniel Maldonado*
Desenho gráfico: *Maria del Carmen Gómez Noguez*
Capa: *Víctor López Ramos*

Direção editorial: *Zolferino Tonon, ssp*
Tradução: *Isaias Silva Pinto, ssp*
Revisão: *Caio Pereira*
          Thiago Augusto Dias de Oliveira
Editoração: *Marcelo Campanhã*

1ª edição, 2012
1ª reimpressão, 2020

© PAULUS – 2012

Rua Francisco Cruz, 229 • 04117-091 – São Paulo (Brasil)
Tel.: (11) 5087-3700
paulus.com.br • editorial@paulus.com.br

ISBN 978-85-349-3383-4

CAFARNAUM

3

— HOJE FOI UM DIA BEM PESADO, NÃO É, JOSIAS?

— VERDADE, JESUS, POR ISSO TERMINE LOGO O TRABALHO E VÁ PARA CASA DESCANSAR!

— CLARO, ESTÁ FALTANDO POUCO.

MAIS TARDE, ÀS MARGENS DO MAR DA GALILEIA...

— OLHEM QUEM ESTÁ VINDO!

— AH! É JESUS!

4

— QUE MILAGRE! A QUE DEVEMOS A HONRA DA VISITA DO CARPINTEIRO MAIS FAMOSO DO POVOADO?

— E AÍ, AMIGOS! FIQUEI DE ME ENCONTRAR COM AS CRIANÇAS PARA CONTAR-LHES MAIS UMA HISTÓRIA. E VOCÊS, COMO ESTÃO? COMO VAI A PESCARIA?

— BEM... NA VERDADE, MAIS OU MENOS!

— AH, PEDRO! VOCÊ NÃO MUDA! SEMPRE TÃO MODESTO...

— OLÁ, JESUS! E OS OUTROS?

— UÉ! EU IMAGINAVA QUE VIRIAM COM VOCÊ!

— AH! ELES NÃO DEVEM DEMORAR!

— ENQUANTO ESPERAMOS POR ELES, VAMOS VER A PESCARIA.

OLHEM! JESUS CHEGOU PRIMEIRO!
POIS É! EU NÃO DISSE QUE ESPERARIA VOCÊS AQUI?
E ENTÃO, CRIANÇAS, VOCÊS JÁ TERMINARAM SUAS TAREFAS?
SIM, JESUS, POR ISSO NOS DEIXARAM VIR.
O QUE VOCÊS ACHAM DE IRMOS A MINHA CASA?
SIM!!! SUA MÃE SEMPRE FAZ UMAS BOLACHAS MUITO GOSTOSAS. O QUE VOCÊ ACHA, JESUS?
ESTOU DE ACORDO! VAMOS LOGO!
ENTÃO, VAMOS!
ATÉ MAIS, RAPAZES. ESPERO QUE TERMINEM LOGO!
ATÉ AMANHÃ, JESUS! NOS VEMOS AMANHÃ NA SINAGOGA!
NO CAMINHO...

— ESPEREM AQUI, CRIANÇAS!

— PARA QUÊ?

— TOME, SENHORA, UM POUCO DE PÃO PARA VOCÊ E SEUS FILHOS.

— MUITO OBRIGADA! QUE DEUS LHE PAGUE.

— POR QUE VOCÊ DEU SUA COMIDA, JESUS? E AGORA, O QUE VOCÊ VAI COMER?

— ELES NÃO TÊM QUEM LHES DÊ COMIDA?

— POR QUE EXISTEM TANTAS PESSOAS POBRES?

— DEPOIS EU VEJO O QUE ENCONTRO PARA COMER. NÃO SE PREOCUPE, ESTER.

— NÃO TÊM, JOAQUIM. POR ISSO, REZAM PARA ALGUÉM AJUDÁ-LOS.

— POR ACASO É U[M] CASTIGO DE DE[US]

AO CHEGAR À CASA DE JAIRO...

OLÁ, MAMÃE! CONVIDEI JESUS E MEUS AMIGOS PARA VIR AQUI EM CASA. TUDO BEM?

BOA TARDE, SENHORA!

E A SENHORA PREPAROU AQUELAS BOLACHINHAS HOJE?

MINHA TIA DISSE QUE SÃO POBRES PORQUE SÃO PREGUIÇOSOS.

ARO QUE SIM, ABEL! PEREM NO JARDIM QUE LEVAREI PARA VOCÊS.

CLARO QUE NÃO, ESTER. O QUE ACONTECE É QUE SEU MARIDO MORREU, E ELA NÃO TEM MAIS AQUELE QUE SUSTENTAVA A CASA.

ENTÃO, TODOS SOMOS POBRES QUANDO NOS DÃO ALGO?

ENTÃO! VOCÊS QUEREM QUE EU LHES CONTE UMA COISA QUE ME ACONTECEU HÁ POUCO TEMPO?

M, JOAQUIM. MAS ALGUMAS SSOAS PRECISAM MAIS,TRAS, MENOS.

SIM!!!

M! O MESMO FAZ A E DE JAIRO NOS DANDO LAS BOLACHINHAS QUE CEM ESTAR DELICIOSAS.

— UM DIA, QUANDO EU ESTAVA NO TEMPLO COM MEUS DISCÍPULOS...

A MULTIDÃO JOGAVA DINHEIRO NO COFRE DO TEMPLO, E MUITOS RICOS JOGAVAM MOEDAS VALIOSAS. ENTÃO, CHEGOU UMA POBRE VIÚVA E JOGOU DUAS MOEDINHAS DE POUCO VALOR. FOI QUANDO EU DISSE AOS MEUS DISCÍPULOS: "GARANTO A VOCÊS QUE ESTA POBRE VIÚVA COLOCOU MAIS QUE TODOS OS DEMAIS".

— MAS ELA SÓ COLOCOU DUAS MOEDINHAS QUE NÃO VALIAM NADA!

— SIM, MAS ENQUANTO OS RICOS COLOCAM AQUILO QUE LHES SOBRA, ELA COLOCOU TUDO O QUE TINHA PARA VIVER.

— MAS SE ERA TUDO O QUE TINHA, O QUE ELA FEZ DEPOIS?

— ELA CONFIAVA PLENAMENTE EM DEUS E SABIA QUE NÃO IRIA FICAR DESAMPARADA.

HOUVE UM MOMENTO DE SILÊNCIO, ATÉ QUE ABEL DISSE:

NÓS BEM QUE PODERÍAMOS DAR ALGUMA COISA ÀQUELAS CRIANÇAS POBRES QUE VIMOS. O QUE VOCÊS ACHAM?

...RO QUE SIM. VÃO ÀS SUAS CASAS E ...GAM ALGUMA COISA QUE POSSA LHES SER ... MAS PEÇAM ANTES AOS SEUS PAIS.

VAMOS, TURMA! NÃO TEMOS TEMPO A PERDER! VAMOS VER O QUE ENCONTRAMOS!

AS CRIANÇAS GOSTAM DE BRINQUEDOS. VOU LHES DAR ESTES.

OLHEM O QUE EU TROUXE PARA VOCÊS. QUEREM BRINCAR?

CADA UM LEVOU UMA COISA PARA COMPARTILHAR COM AS CRIANÇAS POBRES.

GOSTARAM DOS PRESENTES?

SIM! GOSTAMOS MUITO. NUNCA TIVEMOS BRINQUEDOS.

JESUS ESPEROU AS CRIANÇAS NA CASA DE JAIRO, ATÉ QUE ELAS VOLTASSEM.

VEJO QUE VOCÊS ESTÃO MUITO CONTENTES. NÃO É BOM AJUDAR O PRÓXIMO? AGORA, VOU CONTAR A VOCÊ A HISTÓRIA DOS TRÊS REIS MAGOS.

NO CAMINHO QUE VINHA DO ORIENTE, TRÊS REIS MAGOS SE REUNIRAM PARA VIR À NOSSA TERRA.

SALAM LEJOM! AONDE VOCÊS ESTÃO INDO?

VOU AO ENCONTRO DO REI DOS JUDEUS.

EU TAMBÉM VOU PARA LÁ. QUE TAL SE A GENTE VIAJAR JUNTO?

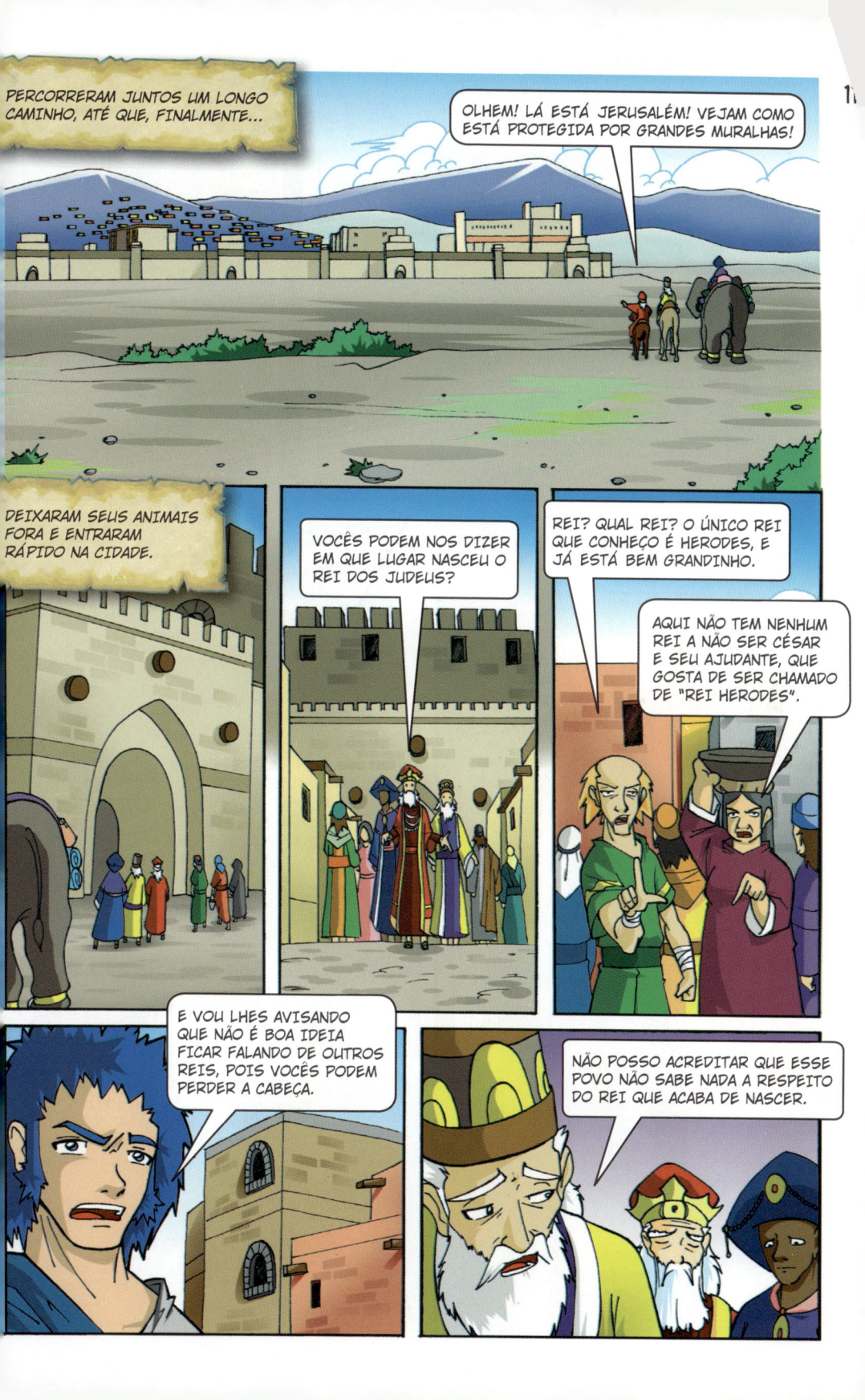

PERCORRERAM JUNTOS UM LONGO CAMINHO, ATÉ QUE, FINALMENTE...

OLHEM! LÁ ESTÁ JERUSALÉM! VEJAM COMO ESTÁ PROTEGIDA POR GRANDES MURALHAS!

DEIXARAM SEUS ANIMAIS FORA E ENTRARAM RÁPIDO NA CIDADE.

VOCÊS PODEM NOS DIZER EM QUE LUGAR NASCEU O REI DOS JUDEUS?

REI? QUAL REI? O ÚNICO REI QUE CONHEÇO É HERODES, E JÁ ESTÁ BEM GRANDINHO.

AQUI NÃO TEM NENHUM REI A NÃO SER CÉSAR E SEU AJUDANTE, QUE GOSTA DE SER CHAMADO DE "REI HERODES".

E VOU LHES AVISANDO QUE NÃO É BOA IDEIA FICAR FALANDO DE OUTROS REIS, POIS VOCÊS PODEM PERDER A CABEÇA.

NÃO POSSO ACREDITAR QUE ESSE POVO NÃO SABE NADA A RESPEITO DO REI QUE ACABA DE NASCER.

INCOMODADOS, DECIDIRAM IR ATÉ HERODES PARA PERGUNTAR-LHE ONDE ESTAVA O REI DOS JUDEUS.

ENTREM, AMIGOS! SEJAM BEM-VINDOS À MINHA HUMILDE CASA.

DISSERAM-ME QUE VOCÊS VIERAM SAUDAR O NOVO REI.

SIM, SUA MAJESTADE. SABE ONDE PODEMOS ENCONTRÁ-LO?

MEUS SÁBIOS CONSELHEIROS, AQUI PRESENTES, DIZEM QUE O REI DOS JUDEUS DEVERIA NASCER EM BELÉM DE JUDÁ.

ENTÃO, VAMOS PARTIR PARA LÁ.

ESTÁ BEM. MAS QUANDO VOCÊS VOLTAREM, PASSEM AQUI PARA ME DIZER ONDE ELE ESTÁ, POIS EU TAMBÉM VOU ADORÁ-LO.

NO CAMINHO DE BELÉM, VIRAM NOVAMENTE A ESTRELA E FICARAM MUITO CONTENTES.

SHALOM! A QUEM VOCÊS PROCURAM?

A PAZ ESTEJA NESTA CASA. VIEMOS DO ORIENTE PARA ADORAR O REI DOS JUDEUS.

O REI DOS JUDEUS? POIS... NÃO SEI DE QUEM VOCÊS ESTÃO FALANDO. MAS ENTREM, DEVEM ESTAR CANSADOS. LÁ DENTRO ESTÃO MINHA MULHER E MEU FILHO RECÉM-NASCIDO.

E VOCÊS, QUEM SÃO?

E EM QUE PODEMOS AJUDÁ-LOS?

VIMOS SUA ESTRELA NO ORIENTE E VIEMOS COM PRESENTES PARA O REI DOS JUDEUS.

MEU NOME É GASPAR, E ELES SÃO MELQUIOR E BALTASAR.

EU LHE TROUXE INCENSO, QUE SE USA PARA ADORAR AO DEUS ALTÍSSIMO.

JESUS, REI DOS JUDEUS, RECEBA ESTA MIRRA QUE NOS LEMBRA A MORTE E A DOR, QUE TODO SER HUMANO CONHECE OU CONHECERÁ.

EU LHE OFEREÇO O OURO, METAL PRECIOSO QUE SIMBOLIZA O PODER E A GLÓRIA DO REI.

OBRIGADO POR ESTES PRESENTES, QUE DEUS OS RECOMPENSE!

PODEMOS SEGURAR O MENINO?

CLARO QUE SIM!

QUE BEBÊ LINDO!

GLU! GLU! GLU!

GUCHI! GUCHI! GUCHI!

É VERDADE! VIAJAMOS MUITO E NÃO DESCANSAMOS NADA.

POR FAVOR, ESTA NOITE, VOCÊS FICAM COM A GENTE. JÁ É TARDE PARA REGRESSAR!

AH! ESTOU MUITO CANSADO! VOU ME DEITAR UM POUQUINHO AQUI.

HAHAHA!

FIUUMM

NA MANHÃ SEGUINTE, PARTIRAM BEM CEDO.

E ASSIM, REGRESSARAM À SUA TERRA.

ESQUEÇA-O. ESSE HOMEM SÓ QUER MATAR O MENINO.

E HERODES?

PSIU! VOCÊ VAI ACORDÁ-LOS!

VOLTEMOS POR OUTRO CAMINHO.

MARIA, ACORDE! OLHE O QUE ELES NOS DEIXARAM!

QUEM ERAM ELES, JOSÉ?

NÃO SEI, MAS NOS AJUDARAM MUITO. ESTÁVAMOS PRECISANDO DESSAS COISAS.

NÃO RESTA DÚVIDA DE QUE DEUS NUNCA ABANDONA OS POBRES QUE CONFIAM NELE.

E ISSO FOI O QUE ME ACONTECEU QUANDO EU ERA BEM PEQUENINO.

JESUS, VOCÊ AINDA GUARDA ALGUM DE SEUS PRESENTES?

— SIM, CREIO QUE MINHA MÃE AINDA GUARDA ALGUNS DE LEMBRANÇA.

— E SABEM DE UMA COISA? DIZEM QUE, A PARTIR DAQUELE DIA, NO NATAL, AS CRIANÇAS QUE SE COMPORTAM BEM DURANTE O ANO TAMBÉM RECEBEM PRESENTES.

— E VOCÊ ACHA QUE ELES IRÃO À MINHA CASA TAMBÉM PARA LEVAR PRESENTES?

— HAHAHA! CLARO QUE SIM, JOAQUIM. MAS VOCÊ DEVE SE COMPORTAR BEM!

— AH, BOM! DE AGORA EM DIANTE, VOU SEMPRE ME COMPORTAR BEM.

— VOCÊS GOSTARAM DA HISTÓRIA?

— SIM!!!

— ENTÃO, LEMBREM-SE DE CONTÁ-LA A SEUS AMIGOS, DEPOIS A SEUS FILHOS E A SEUS NETOS...

CONTINUARÁ...